LA COMMISSION D'ÉTUDE

DES

MOYENS DE DÉFENSE

ET

LA COMMISSION DES MARCHÉS

PAR

A. DESHORTIES

LIEUTENANT-COLONEL EN RETRAITE.

NANTES

—

1873

« La fureur populaire, violente comme un orage, n'en a que la durée ;
» la multitude n'étant point organisée, ne peut former ni suivre aucun
» plan. Les excès commis par l'aristocratie sont moins féroces , mais
» plus prolongés ; elle proscrit, non par masses, *mais par listes*.
» Revêtue de formes plus légales, *couverte du masque de l'honneur*
» *et de la justice, et se servant du mépris comme d'une arme empoi-*
» *sonnée ,* elle s'efforce de *diffamer ceux qu'elle condamne* et de *flétrir*
» *ceux qu'elle tue*.
» L'esprit de corps qui l'anime, la rend constante dans ses haines et
» veut conserver le mal qu'elle a fait.
» Le parti populaire ne se venge que sur les corps , *le parti des*
» *grands* attaque l'honneur ainsi que la vie. »

(Extrait d'un livre de M. de Ségur, membre de la Commission des
marchés, *publié il y a environ dix ans*, et mis en lumière par le
journal l'*Égalité*, qui se publie à Marseille.)

J'ai longtemps gardé le silence, et pour cause. Je dépendais de
l'autorité militaire et j'avais des exemples de ce qu'on pourrait
tenter contre moi, si je publiais quoi que ce fût, pour faire savoir ce
qu'on appelle une enquête à la Commission des marchés.

Aujourd'hui que j'ai reçu la notification du décret qui me met à
la retraite, je suis redevenu citoyen et je pense avoir le droit de faire
connaître des faits qui sont restés inaperçus ou qui ont été passés
sous silence. Quelques-uns sont consignés dans les dépositions peu
connues du public et dont j'aurai aussi à dire un mot.

Tout d'abord, j'aurais le droit de m'écrier comme M. Gambetta à
la tribune : « Le marché que vous incriminez (celui des canons Parrott)
a été résilié le 12 février 1871, et s'il a été mis plus tard à exécution,
c'est par le gouvernement actuel, et aux mêmes conditions que nous
avions acceptées, *bien que ce gouvernement ne se trouvât pas dans les
mêmes circonstances que la délégation de Tours et de Bordeaux*.
Qu'avez-vous à nous reprocher ? qu'avez-vous même à nous demander ? »

Mais cela ne suffirait point pour faire savoir les agissements de la
Commission d'étude des moyens de défense dans cette affaire.

Pour commencer, je constate qu'il a été fait, en quelque sorte, un
tri parmi les membres de cette Commission appelés à comparaître
devant la Commission des marchés et dont les dépositions ont été
imprimées et mises à l'appui du rapport de M. Riant.

Ainsi *M. Descombes*, qui a exercé, en mon absence, la fonction de président, pendant ce que j'appellerai *la période d'exécution du marché* des canons Parrott, n'a point été entendu. M. *Dormoy*, ingénieur des mines, qui n'a jamais cessé de siéger à la Commission, ne l'a pas été davantage, non plus que *M. Cendre*, ingénieur des ponts et chaussées.

Quant au commandant du génie *de Pontlevoy, mon compagnon de cabinet au ministère de la guerre, celui qui mieux que personne connaissait mes agissements de chaque heure,* il a été interrogé *à huis clos, et sa déposition n'a point été publiée du tout.* Pourquoi cela?

Est-ce là une enquête sérieuse? une enquête impartiale?

Depuis la signature du marché concernant les canons Parrott, jusqu'à sa résiliation, je n'ai point fait partie de la Commission. J'avais quitté le ministère de la guerre, où j'étais directeur-adjoint, chargé de la direction du bureau des états-majors, de celui de la correspondance générale et des opérations militaires, pour aller, en qualité de chef d'état-major général au 24e corps d'armée, à Lyon d'abord et quelques jours après à Besançon. Ce 24e corps était à l'état d'organisation.

Ce n'est donc pas à moi qu'il fallait demander des renseignements sur ce qui s'était passé à la Commission d'étude depuis le 13 décembre 1870 jusqu'au 13 février 1871, époque où je reparus à la Commission, à Bordeaux, pour présider ses deux dernières séances. Il était bien évidemment nécessaire, si on tenait à tout savoir, de s'en enquérir près de M. Descombes, mon remplaçant à la présidence. Cependant, il n'y a pas trace de son interrogatoire, bien qu'il soit démontré par le mien, qu'il a eu des relations avec la Commission des marchés.

Mais quelles relations? je l'ignore. A-t-il été, lui aussi, interrogé à huis clos?

Pendant mon absence de la Commission, j'ai reçu à Besançon, soit fin de décembre 1870 ou au commencement de janvier 1871, les premières lettres du capitaine d'artillerie *Guzman*, chargé d'examiner à New-York, avant l'embarquement, le matériel que devaient fournir les vendeurs.

Cet officier m'avait adressé *nominalement* ses lettres, au lieu de les envoyer simplement *au président* de la Commission d'étude. On les prit pour des lettres personnelles et on me les envoya. Elles firent ainsi le trajet de Bordeaux à Besançon et de Besançon à Bordeaux, au moment où les voies ferrées étaient rendues presque impraticables par les neiges. Renvoyées de Besançon à Bordeaux, le jour même où on me les remettait, sont-elles arrivées en temps utile à la Commission d'études? Je l'ignore. M. Descombes seul peut le dire.

Toujours est-il, que toutes les lettres de M. Guzman me sont parvenues, et que si elles sont aujourd'hui entre les mains de la Commission des marchés, c'est par moi d'abord et par le ministère de la guerre qu'elles lui sont arrivées. Il convient d'ajouter que j'ai quitté Besançon le 20 janvier 1871, et que la plupart de ces lettres sont restées enfermées dans cette ville pendant le blocus qu'elle a subi, et qu'elles m'ont été remises par la poste, à Marseille, *au mois de mai ou de juin 1871. Ces dernières n'ont pu être utiles en aucune façon à la Commission d'étude, dissoute le 15 février de la même année,* et il est douteux que les premières lui soient parvenues à temps pour l'éclairer sur les agissements des vendeurs.

Ainsi donc, voilà des lettres qui traitent, paraît-il, fort durement les vendeurs, W. Saint-Laurent, Billing et Valentine, et c'est moi qui les envoie, soit à la Commission d'étude, soit au ministre de la guerre, moi que la Commission des marchés a voulu faire passer comme en relation d'intérêt avec eux. J'affirme n'avoir lu aucune de ces lettres, qui étaient fort longues. Je n'en avais pas le loisir. Quelques-unes, les dernières, ont été envoyées au ministre *sans avoir été ouvertes.* Je sais bien que cette accusation n'a pas été maintenue devant l'Assemblée, mais elle figure dans le rapport Riant et dans les interrogatoires, ce qui est beaucoup trop, pour ne pas dire excessif. La calomnie n'en a pas moins été lancée et elle a fait son chemin.

Elle l'a si bien fait, qu'un mien cousin-germain, portant mon nom, petit homme suffisamment muni d'égoïsme et d'ambition, aujourd'hui capitaine d'état-major à l'armée de Versailles, a daigné m'écrire *impérativement que j'eusse à défendre mon honneur,* en ajoutant que M. Riant, l'aimable auteur du rapport, ne se gênait aucunement pour assaisonner cette calomnie de propos qui en augmentaient la gravité.

De son côté, madame sa mère s'empressait d'écrire à un journal de Nantes *qu'elle n'avait rien de commun avec le colonel Deshorties.*

Je dois dire que la mère et le fils ont été les deux seuls de la famille à tenir une pareille conduite, et que tous les autres parents n'ont point attendu la publication de cet écrit pour faire publiquement justice d'imputations que toute ma carrière rend invraisemblables et qui n'ont pas osé se produire à la tribune. Ils ont noblement fait leur devoir et je les en remercie.

Pourquoi a-t-on abandonné, au dernier moment, cette accusation ?

Parce que j'avais sollicité M. Naquet, secrétaire de la Commission d'étude et représentant du peuple, d'exiger la communication *par écrit*, des pièces sur lesquelles on prétendait appuyer cette odieuse imputation de pot de vin reçu, pièces dont on m'avait parlé, mais qu'on n'avait point lues et qui étaient, comme on va le voir, fort loin non-seulement de la justifier, mais même de la motiver.

Si on eût persisté dans la voie de diffamation choisie d'abord par le rapporteur, on s'exposait à voir M. Naquet lire les trois pièces à la tribune et l'effet produit par cette lecture eût été l'anéantissement du rapport.

Ces trois pièces étaient: 1° Une lettre de M. W. Saint-Laurent contenant des imputations graves mais vagues, qui ne s'appliquaient à personne d'une manière précise. 2° Une lettre de M. Valentine *mettant à néant la lettre de W. Saint-Laurent.* 3° Un compte du banquier américain Garrison, bailleur de fonds des vendeurs W. Saint-Laurent, Valentine et Billing.

Cette dernière pièce était précise dans ses termes et sans interprétation possible.

Qu'on en juge. Si ma mémoire est fidèle, elle était ainsi conçue:

Payé à M. Valentine une somme de 50 mille dollars, qu'il déclare avoir été obligé de payer à Versailles, pour obtenir la liquidation de ses comptes.

A Versailles! Cela ne peut être que quand l'Assemblée et le gouvernement s'y furent transportés. Mais la Commission d'étude était morte le 13 février 1870, à Bordeaux. Ce n'est pas elle qui a fait la liquidation dont parle le compte de banque. Ce n'est donc pas elle qu'on pouvait suspecter, ni collectivement, ni en quelqu'un de ses membres d'avoir touché 50 mille dollars de MM. W. Saint-Laurent, Valentine et Billing.

C'est cependant ce qu'a fait la Commission des marchés et personnellement son président, M. d'Audiffret-Pasquier. Mon interrogatoire en fait foi.

Et les interrogatoires ? Il faut les avoir lus, et tout le monde n'a pu le faire pour en avoir une juste idée.

Dans l'un d'eux, le mot de *roman* a été prononcé. Ce mot, je me l'approprie, il rend parfaitement mon appréciation sur certaines dépositions.

Est-ce à dire que j'aie l'intention de déverser, d'une manière générale, le blâme sur ceux qui les ont subies ?

Telle n'est pas ma pensée. Mais je crois être dans le vrai, en disant, aussi bien pour moi que pour les personnes entendues :

Quand la Commission des marchés nous a appelés devant elle, nos souvenirs dataient de plus de 18 mois ; ils étaient plus ou moins précis et nos dépositions ont été ainsi, involontairement, plus ou moins fidèles. La manière de procéder de la Commission des marchés a dû même contribuer puissamment à les rendre incomplètes, sinon inexactes. A vrai dire, on ne déposait pas, on répondait à des questions préparées d'avance, et posées souvent d'une manière malveillante et agressive.

Je ne releverai qu'un fait qui me paraît des plus importants. Je n'en trouve pas la trace dans l'interrogatoire de M. Lecesne, mais bien dans le rapport de M. Riant, au bas d'une page, en renvoi. C'est une dépêche télégraphique adressée à ce monsieur, par son agence de Londres, concernant MM. Saint-Laurent, Valentine et Billing. *Ce télégramme annonce leur arrivée à Tours et invite M. Lecesne, président de la commission d'armement, à se défier d'eux.*

Eh bien ! Je déclare de la manière la plus formelle, que je n'ai eu connaissance de ce télégramme que par le rapport de M. Riant.

M. Lecesne a éconduit ces trois messieurs. Il a bien fait, mais il a su qu'ils étaient venus à la Commission d'étude, où on les avait écoutés. Son devoir était évidemment de communiquer le télégramme à cette commission. *Il n'en a rien fait.*

L'a-t-il, au moins, montré à M. Gambetta, avant la signature du marché des canons Parrott ? Cela me paraît impossible.

C'est peut-être ici le lieu de répondre à un reproche qui m'a été adressé par la Commission des marchés au sujet des relations qui ont existé entre la Commission d'armement et la Commission d'étude. Il a été dit dans certain interrogatoire des choses étranges, au sujet de leur prétendue rivalité. Naturellement, j'ignorerais ces choses, sans l'obligeance d'un représentant, qui m'a prêté les interrogatoires, puisqu'il ne m'en a pas été parlé à la Commission des marchés.

On a trouvé extraordinaire qu'il n'y ait pas eu entente cordiale entre ces deux commissions.

Aujourd'hui, la Commission des marchés est fixée sur les motifs qui ont éloigné l'une de l'autre ces deux commissions. Ils sont dus à M. Lecesne lui-même.

En effet, la Commission d'étude ayant dû intervenir près de M. Gambetta pour hâter la conclusion du marché Maxwell-Lyte, pour la fourniture des fusils Enfield-Green, le marché fut établi par elle et signé par le ministre. Or, avant de faire cette démarche, M. Lecesne avait été prié, par la Commission d'étude, de vouloir bien s'occuper de cette affaire. Il avait accepté et promis de rédiger le marché dans la journée, et de le présenter à l'approbation de M. Gambetta, *au nom de la Commission d'armement*. Les délais se prolongeant outre mesure, la Commission d'étude prit le parti de s'adresser directement à M. Gambetta.

C'est alors que M. Lecesne écrivit à M. Gambetta une lettre fort peu convenable contre la Commission d'étude et contre les conditions du marché.

Il fut répondu à M. Gambetta, au sujet de cette lettre, qu'il nous avait transmise sans observations. Lettre de M. Lecesne et réponse à M. Gambetta sont entre les mains de la Commission des marchés.

Un pareil début n'était pas de nature à encourager la Commission d'étude à continuer ses relations avec la Commission d'armement, ou du moins avec son président.

Mais, quoi qu'on en ait dit, il n'y a pas eu de guerre entre elles. C'est là un pur roman.

Passons maintenant à l'affaire des lettres portant ma signature qui sont parvenues entre les mains de la Commission des marchés.

Il a dû paraître étrange à beaucoup de lecteurs que ces lettres

fussent revenues de New-York, tout droit à cette Commission.
Les interrogatoires, celui du capitaine Guzman et le mien, mettent
un peu sur la voie, mais incomplétement.

Voici le fait :

M. Guzman reçoit de moi, *après la résiliation du marché des canons
Parrott,* une lettre, la seule que je lui aie écrite, *qui en contenait une
autre cachetée* à l'adresse de M. W. Saint-Laurent.

Cet officier, cousin de l'ex-impératrice et officier d'ordonnance
de l'empereur au début de la guerre de 1870, n'ayant pas ren-
contré dans ma lettre des instructions qu'il attendait, dit-il, et que
je n'avais pas à lui donner, s'imagine qu'il va les trouver dans la
lettre destinée à M. W. Saint-Laurent ! Il le déclare dans son interrogatoire et même il me l'écrit *à la date du 9 juillet 1872,* posté-
rieurement à cet interrogatoire. Depuis quand un chef fait-il par-
venir des instructions à un subordonné par l'entremise d'un tiers
non militaire, quand surtout il lui écrit directement sous la même
enveloppe ?

Passons ! M. Guzman lit la lettre. Il n'y trouve pas plus d'ins-
truction que dans celle qui lui était adressée personnellement. Il
l'a gardée, m'écrit-il, le 9 juillet 1872, pour me la remettre. Mais il
l'a gardée 15 mois, et il a choisi la Commission des marchés comme
intermédiaire de cette remise !

Dans la lettre d'explication qu'il m'écrit, à la date indiquée ci-
dessus, il dit *qu'il n'a pas eu le temps de s'occuper de cette affaire.*
Quinze mois semblent cependant un délai suffisant.

J'avais complétement perdu le souvenir de cette lettre, quand
son existence me fut révélée par M. d'Audiffret-Pasquier, en commission, pendant mon interrogatoire. — *M. le capitaine Guzman,
interrogé immédiatement avant moi, et me trouvant dans la galerie
d'attente, sachant qu'il allait être question de cette lettre, se garda
bien de m'en avertir. Non, il en parla après à M. Naquet, pendant
mon interrogatoire, comme d'une chose sans importance.*

Voilà ce que M. d'Audiffret-Pasquier appelle *une conscience délicate.*

J'ai vainement réclamé au ministre de la guerre d'abord, au
général commandant la 9ᵉ division militaire ensuite, la mise en
jugement de M. Guzman. Ce dernier officier général a répondu à

ma plainte par un refus d'informer, sans même vouloir me faire savoir les motifs de cette mesure, ni prendre connaissance des pièces probantes. *Il s'y est refusé par écrit.* Je me plaignais cependant comme chef, et en cette qualité j'avais le droit de les connaître.

Revenons à la Commission d'étude.

Un reproche a été fait tout d'abord à la Commission dans la personne de son président. Le président de la Commission des marchés s'est efforcé de considérer ce même président comme une sorte de soliveau. Le *deus ex machinâ* était M. Naquet; c'était, à en croire M. d'Audiffret, parlant de M. Naquet, le pouvoir exécutif de la Commission. Devant mes explications catégoriques, il a bien fallu en rabattre. Tous ceux qui m'ont connu, savent que j'ai toujours eu, soit avec mes égaux, soit avec mes inférieurs, des procédés pleins d'aménité, mais qui n'excluaient en rien l'action d'autorité que je pouvais avoir à exercer. Je pourrais revendiquer à cet égard les notes que me donnait, en 1848, M. le général de Martimprey, alors colonel et directeur du personnel au ministère de la guerre, et celles de tous mes chefs depuis cette époque.

Mais on a reproché à la Commission d'étude *d'être sortie de ses attributions et d'avoir passé des marchés.* Ce reproche est vraiment plaisant.

Où a-t-on trouvé la signature des membres de la Commission ? Sur quels marchés ?

Cette commission était chargée d'examiner les nombreuses propositions qui lui étaient chaque jour soumises. Elle en trouvait quelques-unes qui lui paraissaient utiles à la défense. Elle les signala au ministre de la guerre, qui partagea son opinion et lui prescrivit de rédiger des projets de marchés et de les soumettre à sa signature. Où voyez-vous que la Commission soit sortie de ses attributions ? Devait-elle n'être qu'un moyen adroit, trouvé par le gouvernement de la défense nationale, pour rejeter, après un semblant d'examen, tout ce qui serait présenté pour concourir à la défense du pays ? Aucun de ceux qui en ont fait partie, j'en ai la conviction, n'eût accepté une pareille mission.

Il y a mieux. Sur la totalité des marchés qu'elle a soumis à la signature de M. Gambetta, la Commission des marchés n'en incrimine qu'un seul : celui des canons Parrott.

Je ne parle pas de celui des carabines Enfield-Green, proposé par M. Maxwell-Lyte. Celui-ci a été annulé avant exécution par M. Gambetta lui-même. Cette mesure a été, à mon avis, regrettable, en ce sens que cette arme, qui a été expérimentée sérieusement à Tours et examinée depuis avec soin par un de nos meilleurs généraux d'infanterie, a été trouvée *excellente,* supérieure même, sous plusieurs rapports, au fusil Chassepot.

Je me borne à rappeler que si la Commission d'étude est intervenue dans ce marché, c'est absolument malgré elle.

Toute la culpabilité de la Commission d'étude se concentre donc sur l'unique marché des canons Parrott, marché résilié par M. Arago le 12 février 1871, et repris aux mêmes conditions par le gouvernement actuel, *bien qu'on lui en eût offert de meilleures.* C'est ce marché qui aurait éveillé la cupidité d'au moins deux des membres de la Commission d'étude : le président d'abord et le secrétaire !!! Le seigneur *Pot-de-vin,* qui avait été jusque-là soigneusement mis à la porte, a trouvé une poterne pour pénétrer dans la place.

Examinons. D'abord il a été dit à la Commission des marchés et par des membres de cette Commission, que les gens avec qui nous avions traité, *avaient dû quitter Tours, sans payer leurs dépenses d'hôtel, tant leur position était misérable !!!* Et de fait, sans l'intervention du banquier Garrison, ils n'auraient pu exécuter leur contrat. S'il en est ainsi, ils n'ont pu payer à Tours les 50,000 dollars qu'auraient reçus certains membres de la Commission, et moi particulièrement. Mais ils ont pu les envoyer d'Amérique ? A ce compte, cela n'a pu être fait que par lettres chargées ou par traites, qui ont dû être payées en France par un banquier quelconque. Eh bien ! où sont les traces de lettres chargées reçues par la poste française à mon adresse, ou à celle d'un quelconque des membres de la Commission ? Où est le banquier qui a payé les traites ? Je mets au défi la Commission des marchés de trouver quoi que ce soit à cet égard.

Et de fait, Valentine dit, par le banquier Garrison, son bailleur de fonds, *qu'il les a payées à Versailles, en 1871, pour obtenir la liquidation de ses comptes.*

Ce n'est donc pas à la Commission d'étude, demeurée étrangère à la liquidation, qu'on peut attribuer le paiement de ce *pot-de-vin.*

Que reste-t-il donc de ces accusations, qui sont consignées dans le rapport de M. Riant et qui n'ont osé se montrer à la tribune de l'Assemblée nationale ?

Rien, que la preuve d'une malveillance extrême contre tous ceux qui ont joué un rôle quelconque dans les funestes événements de 1870-1871.

J'ignore si, dans ses minutieuses investigations, la Commission des marchés a réuni tous les documents constatant mes agissements au ministère de la guerre, pendant la guerre de 1870-1871, en dehors de mes fonctions de directeur-adjoint et de président de la Commission d'étude. Si elle a omis ces recherches, je vais la mettre sur la voie.

C'est par moi, que les Messageries maritimes, à la Ciotat, et les forges et chantiers de la Méditerranée, à la Seyne, ont été provoqués à organiser un outillage spécial pour la fabrication des canons de 4, de 8 et de 7, système Reffye.

C'est par mon intermédiaire que les maisons Luce-Rozan et Guilhem, de Marseille, ont été admises à fournir des quantités de plomb très-considérables.

Par moi encore, un marché de 9,000 harnais de cavalerie, etc., etc.

Les télégrammes doivent encore se retrouver à la direction de l'artillerie au ministère de la guerre.

Mais, je me suis tellement enrichi dans toutes ces affaires, comme dans celle des canons Parrott, que je puis prouver, *par pièces légales et authentiques*, que, depuis la guerre, dans le courant de 1871, j'ai dû grever de 30,000 francs d'hypothèques la seule succession à laquelle je pusse prétendre. Je ne m'attendais pas à cette époque à être vilipendé par la Commission des marchés.

Je puis me résumer en terminant et dire :

Il n'est au pouvoir de personne de prouver l'existence de ce qui n'est pas. Je mets donc formellement au défi la Commission des marchés de prouver, d'une manière quelconque, que j'ai prévariqué d'une manière quelconque, dans l'exercice de mes fonctions ou en dehors de ces fonctions. Il ne reste contre moi que mes lettres, dont j'ai nettement expliqué le sens devant la Commission.

Il est de règle absolue qu'on ne désarme pas pendant un armistice

*Or, dès l'arrivée des membres du gouvernement de Paris à Bordeaux,
il y eut une véritable rage de désarmement et de résiliation de marchés de toute nature. C'était dire clairement à l'ennemi : « Vous pou-
» vez tout oser, tout demander, nous renonçons à l'avance à toute
» tentative de résistance. » M. de Bismark ne l'a point ignoré et il
nous a imposé les conditions que chacun connaît.*

C'est contre une de ces intempestives résiliations que proteste
ma lettre si violemment incriminée. Chacun peut la juger comme
il l'entend, C'est un droit que je n'ai nulle envie de contester. Mais
les tirades à grand effet, même à la tribune, n'invalideront en rien
les considérations qui précèdent.

Un de nos collègues de la Commission, M. Descombes, a été mal-
traité dans le dernier procès-verbal de la Commission d'étude. A
ce sujet, grande indignation..., simulée certainement, de la Commission des marchés.

Pourquoi le blâme? Tout simplement parce que, à l'insu de la
Commission d'étude, M. Descombes avait obtenu par une démarche personnelle auprès de M. Arago, mal informé, la résiliation
d'un marché, qui nous faisait perdre 150 pièces de canon et leur
matériel, et leurs approvisionnements, si la guerre eût dû
continuer.

Et, à ce propos, une dernière observation. M. Descombes avait
sans doute d'excellentes raisons pour poursuivre cette résiliation.
Pourquoi, puisqu'il avait la présidence de la Commission à cette
époque, ne les a-t-il pas exposées à ses collègues ? *Pourquoi n'a-t-
il pas demandé cette résiliation à M. Gambetta lui-même, qui avait signé le marché et pouvait prononcer en connaissance de cause?* Pourquoi? je cherche, comme l'ont fait mes collègues, les motifs de cette
manière d'agir, et je ne les trouve pas. Convoqué, comme tous les
autres membres, à la dernière séance de la Commission, il s'est
abstenu de s'y rendre, prévoyant bien que des explications lui se-
raient demandées. C'est cette absence significative qui a motivé le
procès-verbal de la Commission, qui juge si sévèrement sa
conduite.

C'est cependant cet incident qui a causé mon indignation et
celle de mes collègues de la Commission ; c'est cet incident qui m'a
inspiré cette lettre intervenue dans le débat par l'indigne conduite

d'un officier de l'armée (¹). Je devais au public ces explications, que j'accompagne de pièces justificatives.

A. Deshorties.

P. S. — Je renonce à reproduire ici ma déposition, qui est fort longue. Elle n'en dirait pas plus que la brochure. Elle n'aurait que le mérite de faire connaître au public, avec quelle aménité, les personnes appelées à déposer étaient accueillies par la Commission des marchés.

Je me borne à dire que cette brochure n'est point une défense que je prétends adresser au public, mais seulement un exposé des faits. Je n'ai point à me défendre.

La responsabilité de mes actes, je la revendique, et ce que j'ai fait le 28 novembre 1870 pour le marché des canons Parrott, je le referais si les mêmes circonstances devaient se reproduire. Il n'appartient pas à la Commission des marchés de dire que j'ai, de concert avec mes collègues, outre-passé mes instructions. Celui-là seul a qualité pour le dire, qui nous les a données. Or, il ne l'a pas dit, mais il a donné l'ordre de convertir en marchés nos propositions, et il a signé les marchés.

Ma conscience ne me reproche rien, c'est tout ce que je puis désirer. L'opinion d'adversaires, surtout politiques, m'importe peu, qu'ils siégent ou non à l'Assemblée nationale.

Nantes, 15 mai 1873.

Le lieutenant-colonel d'état-major en retraite,

A. Deshorties.

(¹) Cette lettre, d'ailleurs, je n'en ai point fait mystère. Au moment où je l'écrivais, je me rappelle l'avoir lue, avant de la jeter à la poste, devant les personnes présentes à ce moment, au secrétariat de la Commission. Ce fait ne justifie nullement l'abus de confiance commis par le capitaine d'artillerie Guzman. Si j'ai nié devant la Commission l'existence de cette lettre, c'est que la mémoire me faisait à ce moment complétement défaut. Du mois de février 1871 au mois de juillet 1872, seize mois s'étaient écoulés, pendant lesquels je n'avais ouï parler ni du marché des canons Parrott, ni du capitaine Guzman, ni de ma lettre, et encore moins des sieurs W. Saint-Laurent, Billing et Valentine.

PIÈCES JUSTIFICATIVES.

———

Paris, le 24 juillet 1872.

Monsieur le Ministre ,

En présence du rapport aujourd'hui publié de M. le rapporteur de la Commission des marchés, rapport qui se réfère tout spécialement à ma lettre du 13 février 1871, adressée à M. W. Saint-Laurent, lettre que M. le capitaine Guzman, chargé par lettre à lui·adressée de remettre à son destinataire, s'est permis d'ouvrir et de remettre à la Commission des marchés, il ne me reste plus, M. le Ministre, qu'à me couvrir de la loi qui protége également tous les citoyens, et à vous demander formellement de déférer M. le capitaine Guzman à un conseil de guerre pour abus de confiance.

Je n'ai pas besoin d'ajouter ici, que je suis tout préparé à défendre devant l'opinion publique et les tribunaux compétents la part que j'ai prise dans l'organisation des moyens de la défense nationale.

Veuillez agréer, etc.

Pour copie conforme :

A. Deshorties ,
Lieutenant-colonel en retraite.

———

En réponse à la lettre adressée le *24 juillet 1872*, M. le Ministre de la guerre écrit, *le 21 novembre suivant,* au général commandant la 9e division militaire :

Général, M. Deshorties, lieutenant-colonel d'état-major en non-activité, a écrit de Paris à M. le Président de la République, pour lui exposer qu'il m'avait adressé une demande tendant à faire exercer des poursuites contre M. Guzman, capitaine au régiment d'artillerie pontonniers ; qu'il n'a pas encore obtenu de solution, mais qu'il espère qu'il sera fait droiţ à sa demande.

D'après les prescriptions du Code de justice militaire, c'est à MM. les généraux commandant les divisions territoriales où résident les militaires, qu'il appartient, sauf dans certains cas spécialement déterminés, de recevoir les plaintes et de statuer sur la suite à y donner.

N'ayant, dès lors, nullement à intervenir dans l'affaire dont il s'agit, j'avais chargé M. le gouverneur de Paris d'en informer M. le lieutenant-colonel d'état-major Deshorties ; mais j'apprends que cet officier supérieur a quitté Paris depuis assez longtemps déjà, pour se fixer à Marseille.

Je vous prie de vouloir bien lui faire donner, à votre état-major, communication de la présente lettre.

Recevez.

Pour copie conforme :

A. Deshorties,

Plainte dirigée contre le capitaine Guzman, du régiment d'artillerie pontonniers, stationné à Avignon.

Marseille, 26 novembre 1872.

Mon Général,

Au mois de décembre 1870, M. Guzman, capitaine d'artillerie, était désigné par M. le colonel d'artillerie Thoumas, chef du service de l'artillerie à la délégation de Tours, pour se mettre à la disposition de la Commission d'étude des moyens de défense, dont j'étais le président.

Dans le courant du même mois, cet officier partait pour New-York (Amérique du Nord), chargé de recevoir le matériel d'artillerie acheté par le ministre de la guerre, sur la proposition de la Commission.

Au cours de sa mission, M. Guzman m'adressa, à Bordeaux, sous mon nom, comme président de la Commission, plusieurs lettres qui me parvinrent à Besançon dans le mois de janvier 1871, pour donner le détail de ses opérations. Je renvoyai toutes ces lettres à la Commission d'étude, dont j'avais quitté la présidence, pour aller remplir au 24e corps les fonctions de chef d'état-major général.

Je ne répondis donc à aucune de ces lettres, qui concernaient exclusivement la Commission. J'ignore même si celle-ci y répondit.

Rentré au commencement de février 1871 à Bordeaux, je repris la présidence pendant les derniers jours d'existence de la Commission d'étude, et j'adressai une lettre à M. Guzman à New-York.

Cette lettre, qui n'était en réalité qu'une lettre d'envoi, en contenait une autre cachetée, à l'adresse de M. W. Saint-Laurent, un des vendeurs du matériel d'artillerie, personnage dont j'ignorais le domicile, soit à New-York, soit partout ailleurs.

M. Guzman déclare qu'il reçut cette lettre au mois de mars 1871, et qu'il alla la réclamer à la poste de New-York, ayant appris par les journaux de cette ville qu'elle y était déposée. Elle porte la date du 13 février 1871 et le timbre de Bordeaux.

Au lieu de remettre à M. W. Saint-Laurent la lettre qui lui était destinée, ou de me la renvoyer si le destinataire ne pouvait être trouvé, M. le capitaine Guzman *l'ouvrit, la lut,* et, *sans m'en donner avis quelconque, la garda jusqu'au 7 juillet 1872, et finalement la déposa entre les mains de la Commission des marchés, présidée par le duc d'Audiffret-Pasquier.*

J'avais complétement perdu le souvenir de cette lettre, écrite dans un moment d'emportement, quand son existence me fut révélée en séance de la Commission des marchés et pendant mon interrogatoire.

M. Guzman, qui m'avait précédé à la Commission, attendait dans l'antichambre que je l'autorisasse à livrer les lettres et elles furent apportées *décachetées, devant moi,* à M. D'Audiffret.

En présence des hypothèses injurieuses pour mon honneur que se permettait M. d'Audiffret, je n'avais pas le choix d'autoriser ou de refuser le dépôt de ces lettres.

Mais j'apprenais ainsi qu'un officier français, *se reconnaissant mon subordonné et mon mandataire direct*, avait commis un acte de félonie longuement prémédité, avait violé le secret d'une lettre confiée à son honneur, et finalement abusé du dépôt qui lui était échu. Cet acte, dont la preuve existe dans les dépositions imprimées, annexées au rapport de M. Riant *et dans une lettre à moi adressée au mois de juillet dernier par M. Guzman lui-même*, tombe sous le coup de l'art. 408 du code pénal. Plusieurs arrêts de la cour de cassation l'ont visé, et notamment celui du 22 mai 1841.

J'ai l'honneur, en conséquence, de vous demander que M. le capitaine Guzman du régiment d'artillerie pontonniers, soit, par application de l'art. 267 du code de justice militaire et de l'art. 408 du code pénal ordinaire, traduit devant un des conseils de guerre de la division, sous la prévention *d'abus de confiance par abus de dépôt*, délit commis à mon préjudice par cet officier dans l'exercice de ses fonctions.

Je dois ajouter que je connais si peu M. Guzman, que je ne pourrais le reconnaître, si je le rencontrais ; que je n'ai jamais eu avec lui que des relations de service avant son départ pour l'Amérique, et que je ne puis absolument découvrir le mobile qui l'a fait agir.

Veuillez agréez, etc.

Pour copie conforme :

A. DESHORTIES.

———

Marseille, le 26 novembre 1872.

A M. le général commandant la 9e division militaire.

Mon général,

J'ai l'honneur de vous adresser une plainte en Conseil de guerre, contre M. le capitaine Guzman, du régiment d'artillerie pontonniers, en garnison à Avignon.

Si je n'ai pas suivi tout d'abord la marche indiquée dans la lettre du 21 courant, par M. le ministre de la guerre, c'est que j'ignorais, à la date du 24 juillet dernier, la position militaire de cet officier.

C'est le 24 juillet dernier, que j'ai écrit à M. le ministre de la guerre, pour lui demander la mise en jugement de M. le capitaine Guzman.

Je n'ai reçu d'autre réponse, à cette lettre, que la dépêche précitée du 21 courant.

Je ne pouvais donc m'adresser, d'une manière certaine, à aucun de MM. les généraux commandant les divisions militaires, ainsi que le prescrit le Code de justice militaire. C'est par ce motif que je me suis décidé à écrire directement au ministre de la guerre.

Veuillez agréer, etc.

Pour copie conforme :

A. DESHORTIES.

A la demande de poursuites contre le capitaine Guzman, il a été répondu par la note suivante :

Cabinet du   Au quartier général à Marseille, le 31 janvier 1873.
Général Commandant.

Le général commandant la 9e division militaire a reçu de M. Deshorties, lieutenant-colonel d'état-major en non-activité en attendant sa retraite, une plainte contre M. Guzman, capitaine au 16e régiment d'artillerie (pontonniers).

Après examen, il a rendu, à la date du 5 janvier courant, en faveur de cet officier, une ordonnance de refus d'informer.

Le général n'a pas à donner à M. Deshorties les motifs de sa décision.

Le général commandant la 9e division militaire ,

Signé : ESPIVENT DE LA VILLEBOISNET.

Pour copie conforme :

A. DESHORTIES.

Cette note répond à une lettre du 28 janvier 1873, dans laquelle je demandais les motifs de refus d'informer, que j'avais appris par hasard. J'ignore sur quel document l'examen de ma plainte a été fait. Non-seulement je n'ai point été appelé à donner des explications, mais on ne m'a même pas demandé communication des preuves du délit, c'est-à-dire, la lettre de M. le capitaine Guzman, mais encore la déposition faite par cet officier à la commission des marchés. Je ne relève point la forme insolite de cette communication. C'est pour la première fois que je vois répondre ainsi à un officier supérieur.

En outre, je me plains , comme chef direct de M. Guzman; j'ai les mêmes droits qu'un chef de corps , et par conséquent, les motifs du refus d'informer devaient m'être communiqués.

A. DESHORTIES.

Lettre du capitaine Guzman.

Avignon, 15 juillet 1872.

Mon colonel,

J'ai trouvé, en arrivant à Avignon aujourd'hui, la lettre que vous m'avez fait l'honneur de m'adresser le 9 du courant. Vous me priez de vous dire comment se sont passés les faits relatifs à votre correspondance, et je m'empresse de vous renseigner à cet égard.

Votre lettre du 13 février 1871 est parvenue à New-York vers la fin de ce mois, mais comme elle portait une adresse inexacte, elle est restée à la poste jusqu'au 24 mars, date constatée par un timbre apposé sur l'enveloppe. Elle a été alors annoncée dans les journaux, suivant l'habitude américaine. Les officiers qui étaient avec moi furent les premiers avertis de cette annonce. *Ils allèrent chercher la lettre et me l'apportèrent,* anxieux d'avoir une réponse aux nombreuses communications, dépêches et demandes d'ordres que nous avions envoyées inutilement depuis un mois. Nous ouvrîmes le pli en commun, et sans y trouver une indication quelconque sur notre position ou notre service, nous restâmes en présence de votre lettre à M. Saint-Laurent.

M. Saint-Laurent avait quitté New-York pour l'Europe, depuis un mois, sans laisser d'adresse. Je vous avais renseigné sur ses manières d'agir, qui étaient devenus telles à la rupture du contrat, qu'elles ne nous auraient plus permis de conserver de relations avec lui. Son associé, M. Valentine, avait également quitté New-York.

Après nous être consultés, nous avons pensé qu'une lettre adressée par vous aux contractants par notre intermédiaire était nécessairement une communication officielle (¹), et ne pouvait avoir d'autre caractère. Vu l'urgence, nous en avons pris connaissance et *nous avons alors jugé que je devais conserver cette lettre, pour vous la remettre avec les explications devenues nécessaires,* CE DONT JE N'AI EU NI LE TEMPS NI LES MOYENS DE M'OCCUPER. (Souligné par le lieutenant-colonel Deshorties.)

Quand la Commission des marchés m'a appelé devant elle, j'ai été surpris qu'elle eût connaissance de cette correspondance, que je n'avais pas mentionnée en France. (Souligné par le colonel Deshorties.) On m'a sommé de la produire. Je n'avais nulle raison de refuser la lettre que vous m'aviez adressée; mais quant à l'autre, j'ai dit que je la considérais comme un dépôt, que je ne voulais remettre qu'à vous. Le président et les membres de la Commission n'ont pas insisté davantage. Ils ont dit qu'ils vous demanderaient cette lettre à vous-même. C'est de votre part explicitement qu'on est venu me la demander.

Dans ces diverses circonstances, ma conduite a l'approbation des gens d'honneur qui m'entouraient, et sur ces explications, je ne doute pas de la vôtre.

Je suis, etc.

Signé : GUZMAN.
Cap. d'artillerie.

Pour copie conforme :

A. DESHORTIES.

Extrait de la déposition du capitaine d'artillerie Guzman, copié sur les pièces justificatives soumises à l'Assemblée nationale avec le rapport Riant.

Afin de bien faire saisir au lecteur le rôle joué par le capitaine Guzman, dans l'affaire des canons Parrott, il est indispensable de reproduire toute la partie de la déposition qui me concerne. J'en indiquerai les principaux points, afin d'attirer l'attention de ceux que cette affaire peut intéresser. J'y ajouterai la mienne ensuite, et le public pourra se faire une idée de la comédie jouée à mes dépens par la Commission des marchés et donner au capitaine à la conscience délicate, le nom qui lui convient.

(¹) Souligné dans la lettre par M. Guzman lui-même.

Déposition de M. le capitaine Guzman.

M. LE PRÉSIDENT. — Capitaine, vous avez été chargé par le gouvernement d'une mission en Amérique, à l'occasion d'un marché contracté par la Commission d'étude des moyens de défense , avec MM. Valentine, Billing, Saint-Laurent. Vous avez été mandé d'Oran à Tours.

Vous êtes parti par le steamer du 10 décembre; vous êtes arrivé le 24. avec qui avez-vous été en rapport, qui vous a donné votre mission , quelles étaient vos instructions ?

M. GUZMAN. — D'après une dépêche que j'ai reçue à Oran, il y avait urgence de me rendre à Tours.

Quand je me suis présenté au bureau de l'artillerie, le chef du personnel m'a conduit à la Commission des moyens de défense et m'a mis en relations Avec M. Naquet, le secrétaire, qui m'a conduit au colonel Deshorties.

J'ai eu avec le colonel une entrevue de deux minutes. Il m'a dit ces propres paroles *que j'ai transcrites :*

« Nous vous envoyons chercher des canons pour remplacer ceux que la lâcheté de nos mobiles vient de nous faire perdre à Orléans.

» Vous recevrez tout ce qui sera d'un service immédiat. »

Il paraissait surexcité. Il n'a pas eu le temps de me dire d'autres paroles, remettant à M. Naquet le soin de me mettre au courant de la question.

M. Naquet m'a remis une copie du marché ; il m'a accompagné dans une démarche pour obtenir un passeport.

. . . .

M. LE PRÉSIDENT. — Vous avez remarqué que vous étiez dans un hôtel dont le luxe vous préoccupait ?

M. GUZMAN. — Oui M. le Président.

M. LE PRÉSIDENT. — Ce luxe n'était pas en rapport avec votre position. Vous aviez chambre, salon, salle de bains, etc., et votre délicatesse a été éveillée. Vous avez conféré avec vos collègues, et par un sentiment que je ne vous fais pas l'injure de louer, vous avez trouvé que cette situation n'était pas convenable pour vous, et vous l'avez repoussée, vous avez exigé qu'on réglât les dépenses et vous les avez payées.

M. GUZMAN. — J'avais déjà été à New-York ; je connaissais les habitudes du pays. Je vis des armes. J'ai su qu'elles n'étaient pas achetées par M. Saint-Laurent, et il me les présentait comme sa propriété. Cela éveilla mes soupçons.

Comme les choses traînaient en longueur, je demandai un procès-verbal de constatation qu'à telle date, il ne m'avait été montré que tant de fusils. J'eus de la peine à obtenir ce procès-verbal.

Je fis part de mes réflexions aux officiers qui étaient avec moi et je me résolus *le 6 janvier,* à envoyer un télégramme au colonel Deshorties, *à Bordeaux,* disant : « Je n'ai encore rien reçu du matériel d'artillerie stipulé dans le contrat du 28 novembre. » Je n'avais rien, et les armes que m'avait fait voir M. Saint-Laurent n'étaient pas achetées par lui.

A partir de ce moment, commença un échange de télégrammes entre le colonel Deshorties, représenté par M. Naquet à Bordeaux et moi à New-York. M. Naquet répond qu'on télégraphie que toute la fourniture est reçue et même les bottines; chose que je n'ai pas comprise, vu que nous n'avions pas de bottines à recevoir.

Je réponds que je n'ai rien à ajouter. Ces télégrammes sont des 6 et 13 janvier.

M. LE PRÉSIDENT. — *M. le capitaine Guzman a eu soin de tenir, jour par jour, le journal le plus exact, et il n'y a pas une de ses affirmations dont nous ne trouvons la trace dans ses écrits. Cela donne à sa déposition une netteté que je prie la Commission de remarquer.*

M. GUZMAN. — J'avais été à même de remarquer qu'en Amérique les opérations financières n'étaient pas menées avec beaucoup de régularité, et je me suis tenu de manière à mettre mon honorabilité au-dessus de tout soupçon.

M. LE PRÉSIDENT. — C'est avec plaisir que la Commission le constatera.

. . . .

M. LE PRÉSIDENT. — Maintenant, avant d'arriver à un autre ordre d'idées, je vous demande si vous avez reçu, en dehors des télégrammes dont nous venons de parler, de M. Naquet ou du colonel Deshorties, des instructions écrites, télégraphiées *ou par correspondance épistolaire?*

M. GUZMAN. — *J'ai écrit au colonel Deshorties; les seules communications que j'aie reçues, je les ai reçues de la Commission.*

Le 8, est arrivée une lettre qui contenait l'envoi des remerciements de la Commission d'étude des moyens de défense à M. Pelletier, président du comité démocratique français à New-York; ces remerciements faisaient connaître qu'on avait reçu certains échantillons de bombes. J'ai reçu cette lettre.

Excepté ces télégrammes, je n'ai reçu de la Commission aucune communication, aucune réponse aux demandes que nous avons faites, pour savoir si nous devions opérer la résiliation du marché [1].

Ce n'est que le 24 mars — *le marché a été résilié le 13 février* — ce n'est que le 24 mars que M. Massot, qui était resté à New-York, m'a averti qu'il avait vu dans un journal qu'une lettre était restée à la poste, à mon adresse.

Nous avons été prendre cette lettre, avec M. Audubert, contrôleur d'armes; nous l'avons ouverte ensemble, dans l'espoir d'y trouver quelque chose.

Cette lettre était datée du 13 février; l'adresse avait été mal mise et elle m'a été remise, comme le constate le timbre de la poste, le 24 mars. C'était une lettre du colonel Deshorties; nous l'avons lue en commun : la voici.

[Suit la lettre qui a été publiée par tous les journaux, et dans laquelle il est parlé des armes indiennes dont j'avais chargé M. Saint-Laurent, à Tours, de me faire l'acquisition.]

M. LE PRÉSIDENT. — Il est un point beaucoup plus délicat, sur lequel je voudrais vous poser une question.

Nous sommes ici pour savoir la vérité; *c'est un devoir pénible, mais nous*

---

[1] M. Guzman devait s'arrêter là.

avons le droit de faire appel à votre loyauté. Nous vous demanderons donc si cette lettre n'en contenait pas une autre ?

[Que devait faire la conscience délicate de M. Guzman ?]

M. Guzman. — Comme l'indique le texte de la lettre, elle en renfermait une autre pour M. Saint-Laurent.

M. le Président. — *Le capitaine m'a dit, en effet, qu'il ne se croyait pas propriétaire de la lettre; qu'elle appartenait au colonel Deshorties; qu'il en faisait juge mon honorabilité et celle de mes collègues. Mes collègues seront de mon avis en ne pesant pas davantage sur la conscience du capitaine.*

Pour mettre sa délicatesse à l'abri (1), nous commencerons par demander au colonel Deshorties communication de cette lettre; *s'il la refusait, nous ferions un devoir strict et d'honneur au capitaine de nous la remettre.*

Si vous approuviez cette marche, nous nous bornerons, pour le moment, à constater qu'il y a deux lettres, celle que vous venez d'entendre, et une autre dont nous ne connaissons pas *la gravité, ni la portée,* mais qu'il est de notre devoir de connaître.

Nous sommes un peu étonné que le président de la Commission n'ait pas autre chose à dire à un agent, au bout de quelques mois de séjour, dans une affaire aussi grave, que de lui recommander une collection d'armes indiennes. Nous verrons ce qu'il y a dans l'autre lettre.

Si la Commission le trouve bon, *nous n'exercerons pas de contrainte sur une conscience délicate.* (Assentiment unanime.)

Nous réservons donc votre interrogatoire, capitaine. *Si le colonel Deshorties vous autorise à nous remettre la lettre, nous vous la demanderons;* S'IL REFUSE, NOUS VOUS FERONS UN DEVOIR STRICT DE NOUS LA DONNER, *et nous ferons mention de vos scrupules.*

[Le reste de la déposition ne me concerne plus, mais il contient un renseignement de la plus haute gravité : il prouve que le gouvernement de Versailles, qui a pris le marché tel que les circonstances l'avaient fait proposer par la Commission d'étude, a pu traiter aux conditions indiquées par M. Lecesne à Tours, et qu'il ne l'a point fait. Voici ce passage de la déposition.]

M. le Président. — Vous avez fait plus (il s'adresse à M. Guzman); vous avez éclairé le gouvernement sur les conditions de la transaction Garrison, dans le rapport du 28 février.

M. Guzman. — Oui, quand M. Garrison a reçu la rupture du marché, il est venu me trouver; il m'a demandé ce qu'il devait faire pour sortir d'embarras. Je l'ai renvoyé au consul général de France. Il m'avait prié de l'accompagner, *vu que le consul ne parlait pas français.* J'ai dit que je voulais bien l'accompagner comme interprète, mais non comme fonctionnaire. Il y a eu une grande conférence, dans laquelle il y avait le consul, M. Garrison et des avocats américains. M. Garrison a fait des offres au consul général, qui en a

---

¹ La délicatesse de M. Guzman était sauvegardée, s'il avait remis la lettre au colonel dès sa rentrée en France; mais ouvrir une lettre, la garder quinze mois, et ensuite la donner à la Commission des marchés, est une faute d'indélicatesse réprouvée par les honnêtes gens, quelle que soit leur opinion.

télégraphié au gouvernement. Moi, de mon côté, j'ai tenu note de ce qui a été fait, et j'en ai écrit plus tard les détails au gouvernement.

M. LE PRÉSIDENT. — Les conditions étaient celles-ci :

1° Livraison de 20 batteries au prix coûtant, c'est-à-dire à 35,000 fr. par batterie rendue en France ; à 36,900 fr. par 3,600 coups chargés ;

2° Résiliation du traité pour le surplus des fournitures, c'est-à-dire, pour 5 batteries et 71,000 fusils Enfield;

3° Renonciation de Valentine, Billing et Saint-Laurent au marché du 28 novembre 1870.

Donc le gouvernement français a été instruit des conditions de M. Garrison, et ce n'est pas votre faute si, au lieu de traiter avec M. Garrison, il a traité avec Valentine, Billing, etc.

[La déposition continue. — Cette déposition, fort longue, exige quelques réflexions. Nous nous bornerons à appeler l'attention sur les parties que nous avons soulignées.

En premier lieu, voici un officier qui paraît pour la première fois devant son chef, et qui saisit un propos en l'air et en prend de suite note. Dans quel but ?

Quand M. Guzman m'a été amené par M. Naquet, j'étais dans mon cabinet de directeur-adjoint au ministère, et j'avais autre chose à faire en ce moment que de causer longuement avec lui. Je lui donnai donc ses instructions en deux mots et laissai le surplus aux bons soins de M. Naquet, lequel était le seul membre de la Commission libre de son temps. Passons.

Toute la déposition de M. Guzman prouve que tout ce qu'il a fait était pesé et calculé au plus juste. Il est incontestable que l'acte que je lui reproche, et que lui reprocheront tous les honnêtes gens, il l'a longuement prémédité.

Il dit dans un passage souligné : *J'ai écrit au colonel Deshorties; les seules communications que j'ai reçues, je les ai reçues de la Commission.*

Cela se conçoit, puisqu'à partir du 13 décembre 1870 jusqu'au 10 février 1871, je n'ai assisté à aucune des séances de la Commission, et que j'étais pendant ce temps à Lyon et à Besançon, comme chef d'état-major général du 24° corps.

Interrogé ensuite sur les instructions écrites qu'il aurait pu recevoir de moi ou de M. Naquet, il déclare qu'il n'a reçu aucune communication ni de l'un ni de l'autre. Il devait évidemment s'en tenir là; mais point. Il livre la lettre particulière, la sienne d'abord, qui lui appartient, mais qui en mentionne une autre qu'il a reçue *cachetée*, à l'adresse de M. W. Saint-Laurent. Cette lettre, il a eu l'audace de l'ouvrir, de la garder 15 mois et de la livrer à la Commission des marchés. Et remarquez que les relations de M. d'Audiffret-Pasquier et du capitaine ont débuté avant la comparution de ce dernier devant la Commission.

M. d'Audiffret dit formellement : *Le capitaine m'a dit, en effet, qu'il ne se croyait pas propriétaire de la lettre, etc.*

Où et quand a-t-il eu cette explication avec le président de la Commission des marchés? N'est-ce pas là une vraie comédie?

Le Code pénal ordinaire punit l'acte que je reproche au capitaine Guzman. M. d'Audiffret prétend lui faire *un devoir strict et d'honneur de le commettre* pour le cas où j'aurais opposé, comme c'était mon droit, un véto absolu à la remise de la lettre. Il paraît qu'il y a deux morales et des délits qui peuvent passer à travers les mailles du Code.

Point n'est besoin d'insister sur les conditions proposées par M. Garrison.

Qu'aurait-on dit aux hommes du 4 septembre, s'ils avaient fait un pareil acte? Non-seulement on a refusé les batteries à 35,000 francs l'une, mais à Alger, lors de la réception, sans tenir compte des réserves inscrites sur les connaissements, on a payé une somme considérable, peut-être 500,000 fr., pour des fournitures qui n'existaient pas!

Enfin, pour en finir, je prie le lecteur de lire la lettre que m'a écrite, le 9 juillet 1872, M. Guzman, et de la rapprocher de la déposition. Le rapprochement lui inspirera des réflexions que je ne veux point faire ici, mais qui seront provoquées par les contradictions existant entre cette lettre et sa déposition. On y remarquera l'absence de toute expression de regret d'avoir violé le secret d'une lettre et de l'avoir livrée ensuite. Au contraire, il termine en comptant sur mon approbation!

A qui fera-t-il croire que la Commission des marchés pût connaître l'existence d'une lettre arrivée directement entre ses mains, à New-York, s'il n'en eût pas parlé?

Rejettera-t-il la faute sur l'indiscrétion possible de son contrôleur d'armes? Il n'échapperait point pour cela à la responsabilité. Il n'avait point le droit de lire à ses inférieurs une lettre qu'il avait reçue cachetée et que l'honneur lui défendait d'ouvrir. Il devait ou l'anéantir ou me la renvoyer immédiatement. Où que je pusse me trouver, elle me fût parvenue, tout aussi bien que celles qu'il m'a adressées de New-York. On trouve toujours un officier. Le ministère de la guerre est là pour renseigner l'administration des postes au besoin.

Enfin, s'il prétend abriter sa responsabilité sur l'autorisation que j'ai donnée au duc d'Audiffret-Pasquier de lui demander la remise de la lettre, je lui ferai remarquer que je n'étais plus libre de refuser, en présence des imputations calomnieuses dont j'étais l'objet, imputations toutes gratuites, qui n'avaient d'autre but que de me forcer la main, et de tirer d'embarras la Commission des marchés.

Car enfin, si j'avais refusé, la Commission eût-elle osé s'emparer de la lettre dans la poche du capitaine Guzman, et celui-ci se fût-il laissé faire violence?]

Nantes. — Imp. Vincent Forest et Émile Grimaud, place du Commerce, 4.